MOYENS

PRÉJUDICIELS

PRÉSENTÉS LE 5 SEPTEMBRE 1831 AU TRIBUNAL DE TOURS,

ET JUGEMENT RENDU,

DANS L'AFFAIRE

DE MM. PESSON, FAMIN, THIFFOINE, BOHY ET FERRAND.

◎

PRIX : 25 c.

TOURS,

IMPRIMERIE DE GOISBAULT-DELEBRETON,

Libraire, Rue Royale, N.º 69.

SEPTEMBRE 1831.

MOYENS PRÉJUDICIELS

Présentés le 5 septembre 1831 au Tribunal de Tours,

ET JUGEMENT RENDU,

Dans l'affaire de MM. Pesson, Famin, Thiffoine, Bohy et Ferrand.

Qui n'a entendu parler de ce qui s'est passé à Tours le 27 juillet? Quel honnête partisan du *milieu* n'a frémi en apprenant la tentative révolutionnaire dont cette ville a été le théâtre? Il y avait là une demi-douzaine, au moins, de séditieux, capables de renverser l'ordre établi, si le talent, l'énergie de nos autorités n'y avaient mis bon ordre. Je ne vous dirai pas ce qu'ils voulaient faire, quels étaient leur but, leurs moyens; la chose n'est pas encore bien éclaircie; mais l'on finira par connaître le fin mot de l'histoire, et l'on rendra à chacun selon ses œuvres. En attendant, je vous conterai ce qui s'est passé le 5 septembre au tribunal de Tours, comment et comme quoi ce tribunal a jugé qu'il ne jugeait rien, ce qui fait que l'affaire est plus embrouillée que jamais.

L'instruction d'une affaire aussi grave n'a duré cependant qu'un mois, pendant lequel les prévenus ont joui de toutes les douceurs de la prison.

Une décision de la chambre du conseil les déclare prévenus de deux délits politiques; mais la cour d'Or-

léans, par une indulgence *calculée* , efface d'un trait
le premier chef de prévention , modifie le second et
renvoie les coupables présumés pardevant le tribunal
correctionnel. Plus de cris séditieux, plus de rebellion
criminelle ; il ne reste du terrible complot qu'un tout
petit délit. Les prévenus en seraient quittes pour deux
ans de prison tout au plus. Bagatelle ! Mais, voyez un
peu la malice ; ils trouvent la générosité trop grande ,
ils n'en veulent pas. On les a accusés , aux yeux du
pays, d'un crime politique; il leur faut des juges politiques , des jurés ; ils préfèrent la juridiction de leurs
pairs, à celle des juges inamovibles par la grâce de
Dupin et compagnie ; ils demandent, ils réclament
les bancs redoutés de la cour d'assises. La solennité,
le scandale de pareils débats , la gravité de l'accusation , rien ne peut les faire reculer. Le défenseur de
Danton * leur a promis son appui : l'issue du procès ne
peut être douteuse. La voix énergique d'un orateur patriote flétrira d'un opprobre ineffaçable leurs ignobles
persécuteurs.

Le 5 septembre ils sont appelés devant le tribunal
composé de trois juges ** , pour y faire valoir leurs
moyens d'incompétence.

Après la lecture de l'arrêt de renvoi et l'exposé du
ministère public, les accusés sont interrogés par le
chef du tribunal, avec une bienveillance et une
impartialité peu communes, que fait ressortir encore
l'esprit trop facile à démêler de certaines autres ques-

---

* M. Michel, de Bourges.
** M. De Gaulnier de la Celle, président ; MM. Froger et Fey , juges.

tions parties d'une autre bouche. Un membre du
tribunal tient surtout à préciser le degré de culpabilité
des cannes déposées sur le bureau. Ici une discussion
savante s'engage sur la forme, la nature et le poids
de ces pièces de conviction; on apprécie les mérites
divers de ces instrumens et l'usage qu'on a pu en faire;
des distinctions ingénieuses s'établissent : l'intention
claire de ressuciter la prévention d'un crime empor-
tant des peines infamantes se manifeste ouvertement.
Ces débats pénibles et sans intérêt finissent enfin.
M. Pesson, l'un des accusés, prend la parole. Dans
un discours écrit, plein de logique et de modération, il
s'attache à prouver le caractère *politique* des faits inculp-
pés, et démontre qu'ils doivent, par leur nature même,
par celle de toutes les circonstances qui les ont précédés,
accompagnés et suivis, rentrer dans la catégorie des
délits *politiques*. « Nos opinions sont connues de tous,
» dit-il; le projet qu'on nous a supposé d'ériger un
» arbre de la liberté, l'érection du cénotaphe par mes
» soins et ceux de mes amis, notre démarche dans un
» but évidemment politique, celui de rendre hom-
» mage à des braves morts pour le triomphe de princi-
» pes que nous professons tous, l'opposition éprouvée
» dans l'accomplissement de cet hommage civique,
» l'insulte faite aux couleurs nationales que nous
» portions tous, l'intervention du peuple égaré par
» des manœuvres antérieures, voilà, Messieurs, ce
» qui prouve, mieux que tous les raisonnemens, que
» le délit dont nous sommes accusés doit, conformé-
» ment à la loi du 8 octobre 1830, nous faire ren-
» voyer devant la cour d'assises. »

L'éloquente plaidoirie de M* Brizard qui succède à M. Pesson, paraît produire la plus vive impression sur le tribunal et l'auditoire ; il reproduit avec force les argumens déjà présentés ; l'opinion de M. Siméon, auteur et rapporteur de la loi du 8 octobre 1830, les discussions des chambres lui fournissent de nouveaux argumens dans l'intérêt de la cause.

M. Famin, un des accusés, demande la parole et prononce le discours suivant.

« Je n'ai rien à ajouter aux moyens de droit que notre avocat vient de développer avec autant de force que de clarté.

» Je veux encore moins entrer dans la discussion des faits et ajouter sur leur nature et leur qualification ce qui vous a été dit bien mieux que je ne saurais le faire.

» Mais je me permettrai quelques observations sur l'origine du procès, ses conséquences et l'impression qu'il a produite sur l'opinion publique. Laissez-moi vous en faire appercevoir d'un coup d'œil toute la moralité.

» C'est vous dire d'avance, Messieurs, que, laissant de côté l'histoire des faits, je n'y toucherai que pour faire l'histoire de l'instruction, de cette singulière instruction, qui, seule, à défaut de tout autre moyen, suffirait pour démontrer le caractère politique de notre procès.

» Prenons donc l'affaire dans son principe. Voyons-la naître, croître, grandir outre mesure, puis tomber tout à coup de toute sa hauteur.

» C'est d'abord une bulle de savon qu'enfle rapidement un souffle habile ; elle s'élance dans l'espace, on regarde, on admire. On regarde encore : hélas ! il n'y a plus rien, rien qu'une goutte d'eau âcre et fétide, qui retombe en poussière sur les enfans et les badauds admirateurs. La bulle de savon, c'est notre procès. Découvrons quel souffle habile l'avait enflé, comment et pourquoi il vient tout à coup de s'évanouir presque entièrement.

» Il y a un an, à l'époque où notre révolution avait besoin de toutes les forces, de toutes les énergies, certes, Messieurs, aucun de ceux qui comparaissent aujourd'hui devant vous n'est resté en arrière du mouvement, nous avons tous salué de nos cris d'enthousiasme le réveil d'un peuple engourdi ; nous y étions tous, tous nous y avons pris part ; les premiers, nous avons arboré ces couleurs nationales qu'à un an de distance on a osé nous arracher. Nos adversaires n'en pourraient dire autant.

» Depuis lors, nos opinions sont connues, et personne ici ne les ignore. Les craignait-on ? je ne saurais l'affirmer. Cependant le système mesquin et peureux qui pèse sur la France depuis six mois, ne pouvait manquer de porter ses fruits dans un pays ennemi né de toute opinion tranchée, de toute démonstration énergique.

» La panique, exploitant quelques bavardages, galopait déjà ce qu'on est convenu d'appeler les modérés. Le mot *de la liberté* avait été prononcé. Il n'en fallait pas tant pour mettre nos gens en émoi, et nous

étions déjà désignés comme ayant l'intention d'en ériger un. Le 14 juillet, grande rumeur! une canne séditieuse a tracé sur la place l'image d'un de ces arbres, entourée d'un cercle; le factionnaire en rend compte au caporal du poste, et son rapport, passant par tous les degrés de la hiérarchie militaire, arrive au capitaine. Celui-ci, sentant la gravité de la tentative, fait poser des piquets, dans la crainte qu'un vent d'ouest ou un pied indiscret ne vinssent à effacer l'attentat dénoncé; il place des factionnaires et transmet le rapport à l'autorité compétente. Pourquoi, Messieurs, ce rapport n'est-il pas sous vos yeux? La rédaction de celui que nous possédons doit vous faire regretter comme à nous, que cette *pièce curieuse*, œuvre du même auteur, ne soit pas jointe au dossier.

» Eh bien! Messieurs, notre conduite en 1830, nos opinions, ce rond, cet arbre, ce rapport, voilà la véritable origine de l'affaire, voilà la source des inculpations dirigées contre nous.

» Le 25 juillet, cinq à six jeunes gens déjeûnent ensemble. Au dessert, dans ce moment heureux où le champagne et la gaieté font le tour de la table, la scène que je viens de vous tracer se glisse dans la conversation; on en cause, et je vous l'avouerai, Messieurs, on se permet d'en rire. On propose d'en faire le sujet d'une complainte : ce projet est aussitôt mis à exécution. La complainte faite, écrite, est livrée à l'impression. Que quelques-uns des accusés aient contribué à cette *noirceur*, je ne le nierai pas, Messieurs, et, puisqu'on nous attribue le crime, nous aimons mieux en convenir franchement, que de risquer un mensonge qui porterait les soupçons sur des têtes innocentes.

» Un fait moins public, et que nous avouerons encore, trouve naturellement place ici. Nous avons eu connaissance de certaine réponse poétique, attribuée insidieusement à ce même officier qui, le 27 juillet, commandait le poste du cénotaphe. Pourquoi l'avait-on choisi? pourquoi l'avait-on préféré à un autre? C'est ce que nous ne voulons pas discuter aujourd'hui. Aux yeux de l'autorité, le zèle éclairé dont il avait déjà fait preuve devait lui donner des droits à un pareil honneur.

» Il n'a pas démenti l'opinion qu'on avait de sa prudente sagacité. Je cite ses propres paroles. Il a crié : *A bas les républicains!* Son poste l'a imité. Qui lui avait appris, qui avait appris à ceux qu'il commandait que nous étions des *républicains ?* Républicains! c'est vous qui le dites. N'est-ce pas là une désignation d'opinion, une qualification politique? Donc ils nous connaissaient d'avance; donc ils nous rangeaient dans cette catégorie réprouvée..... D'ailleurs, Messieurs, que pourrais-je dire pour vous convaincre qui valût le style pittoresque de ce rapport impayable que vous avez sous les yeux.

» Écoutez encore M. le commissaire de police; il vient fortifier le témoignage du capitaine, en répétant, avec quelques heureuses additions, les assertions de ce dernier; le commissaire vient ajouter à la confiance que doit inspirer le commandant du poste.

» L'autorité a partagé leur manière de voir. Aurait-elle fait battre la générale pour un rien, pour une

misère, pour une rixe ? Aurait-elle troublé le repos
de la cité, si elle n'avait démêlé au milieu de tout
cela une démarche politique, dans un but politique?

» N'est-ce pas à ce titre de républicains que nous
avons dû les injures, les menaces, les brutales voies
de fait dont nous avons été accablés. Oh certes, la garde
nationale a trop d'intelligence, trop de modération,
pour en agir ainsi dans un cas ordinaire ! Elle, aussi,
a vu un délit politique commis par des hommes dont
l'exagération lui était signalée. Comment, sans un
pareil motif, expliquer l'effervescence générale? comment expliquer l'emploi de certains argumens irrésis-
tibles que, dans la soirée du 27, on présentait avec
tant d'urbanité à tous les gens soupçonnés de partager
nos opinions ?

» Le lendemain, 28, nous sommes tous interrogés;
aucun témoin n'a été entendu. Qui garde-t-on encore
en prison? nous, toujours nous. Et pourquoi, Messieurs, cette préférence flatteuse ? Nous la devons
encore à nos opinions bien connues.

» Ce jour même, quand l'instruction n'est pas encore
commencée, M le maire, par une heureuse réminis-
cence d'un discours officiel, nous traite de *gens qui
rêvent un ordre de choses repoussé par la nation*. Sans
discuter avec lui ce que la nation repousse ou non,
sans examiner de quel côté se trouvent ses affections
ou ses répugnances, il résulte toujours de sa procla-
mation cette conséquence palpable, que nous rêvons
un ordre de choses. M. le maire connaît donc nos
rêves? M. le maire connaît donc *ce que nous pensons,*

ce que nous désirons ? Un magistrat aussi éclairé, s'il n'eût été sûr de son fait, ne nous aurait pas appliqué les oracles ministériels.

» Le 30 juillet, M. le préfet, dans une circulaire parée de toutes les ressources de l'éloquence administrative, enchérit encore sur l'autorité municipale. *L'anarchie,* dit-il, *a voulu lever sa tête dans nos murs.* M. le préfet l'a vue; il l'a vue, levant sa tête menaçante. Eh bien! M. le préfet a raison. Il est vrai, Messieurs, nous l'avons vue comme lui, et quelque jour nous pourrons lui dire où tous ceux qui ont des yeux l'ont aperçue sans peine. Lui aussi nous signale comme des gens pensant mal, des hommes exagérés, des coupables politiques.

» Pour couronner le tout, un article évidemment parti, sinon de la préfecture, du moins de quelque officine qui n'en est pas éloignée, paraît dans un journal, organe avoué des hommes du pouvoir. Nos opinions y sont encore plus attaquées que nos actes. Le dessein de planter l'arbre de la liberté nous y est attribué; notre démarche du 27 n'était qu'un essai. C'était peloter en attendant partie. Il n'est pas de cri séditieux que nous n'ayons proféré.

» Pendant que les trompettes de l'autorité sonnent ainsi l'alarme, pendant qu'un *crescendo* général s'élève contre nous, l'instruction judiciaire va toujours son train. On cherche la trace du complot. Il y avait, dit-on, des poignards; car, point de complot sans poignards; c'est l'accompagnement obligé. Il faut des poignards, beaucoup de poignards; une voiture en-

tière de poignards. Il n'est plus de couteau dont l'inno-
cence soit à l'abri du soupçon ; il n'est plus de lame
paisible qui ne craigne de devenir suspecte. M. Gilot
a fourni à je ne sais qui, et je ne sais quand, un
couteau de chasse ou de cuisine : la police est en cam-
pagne pour éclaircir le fait. On demande au commissaire de police s'il a enfin découvert les ramifications
et l'origine du complot ; il déclare qu'il y perd son
latin, qu'il faut que le mouvement soit venu du
comité directeur de Paris. Ce pauvre comité directeur,
épouvantail obligé, croquemitaine éternel dont on fait
peur aux imbécilles, ne s'attendait guères à être res-
suscité par la police de Tours !

» Je vous le demande, Messieurs, l'instruction n'a-t-
elle pas considéré l'affaire comme politique? Pourquoi
a-t-on cru voir un complot dans notre démarche?
Pourquoi a-t-on recherché avec tant de soin les traces
de ce prétendu complot? Pourquoi quelques-uns de
nos amis ont-ils failli être arrêtés malgré des alibi bien
prouvés ? Je le répète encore, Messieurs : c'est la
prétendue exagération de nos opinions ; ce sont des
principes politiques que l'on a poursuivis en nous; on
nous a cru capables de conspiration , de conspiration politique.

» Après avoir été si loin, l'accusation s'arrête et bien-
tôt rétrograde. Cependant le parquet, la chambre de
prévention voient toujours en nous des accusés politiques ; la ville, la France éclairée par la presse pério-
dique, tout ce qui lit, tout ce qui connaît notre
procès, en juge ainsi.

» Il n'y a donc que la cour royale qui se trouve en contradiction avec le ministère public, avec nous, avec l'opinion générale. Aujourd'hui l'accusation, la défense, ont changé de place; nous nous trouvons trop innocens. Nous ne voulons pas que l'on donne un démenti à M. le maire, à M. le préfet, à l'instruction entière. Ne croyez pas, Messieurs, que nous tenions absolument à être des hommes politiques; mais, enfin, nous n'y pouvons rien; à tort ou à raison nous le sommes devenus, et l'on ne peut plus nous enlever ce caractère, nous en dépouiller et nous en revêtir à volonté. Que deviendraient donc, si nous n'étions plus des coupables politiques, ces phrases *casimiriennes* dont M. le maire et M. le préfet ont fait un usage si heureux? Que deviendraient donc l'éloquence municipale, la rhétorique administrative? »

M. Le Ber, procureur du Roi, dans une improvisation remarquable par sa clarté, se réunit au système proposé par les accusés, et conclut comme eux à ce que le tribunal se déclare incompétent, attendu que le délit est politique.

Après une heure d'attente, M. le président lit avec une hésitation presque pénible le jugement suivant, qui excite la surprise générale.

« Le tribunal,

» Considérant que l'arrêt de renvoi ne l'a saisi que d'un simple délit, que conséquemment il peut en connaître;

» Considérant néanmoins que, de l'interrogatoire

des prévenus, il résulte des charges qui, si elles eussent été connues de la cour royale, l'auraient probablement déterminée à renvoyer l'affaire devant la cour d'assises pour cris séditieux, dont il y avait déjà des charges dans la procédure;

« Considérant que du même interrogatoire il résulte également de nouvelles charges quant au fait de rébellion avec port d'armes par une ou deux personnes, et en particulier quant au nombre de personnes armées; que ces charges sont de nature à faire perdre au délit dont il s'agit son caractère correctionnel, et à lui faire prendre celui d'un crime;

« Considérant d'ailleurs que, d'après les nouvelles charges réunies aux anciennes, les faits dont il s'agit sont purement politiques, et sous ce nouveau rapport de la compétence des assises;

» Vu l'article 193 du code d'instruction criminelle,

» Rejette les moyens d'incompétence proposés par les prévenus, et les renvoie devant le juge d'instruction compétent. »

L'article 69 de la charte de 1830, la loi du 8 octobre de la même année attribuent aux cours d'assises la connaissance des délits *politiques*.

Les considérans du jugement reconnaissent le caractère *politique* aux faits inculpés ; il en résultait nécessairement l'incompétence du tribunal. Contre l'attente générale, en admettant le principe, il en a repoussé les conséquences; son jugement est encore pour nous un problème insoluble. Décomposez, recomposez mathématiquement le tout; vous arrivez droit à ce résultat :

Considérant qu'on nous prouve qu'il fait jour, nous déclarons qu'il fait nuit.

Pour en avoir, s'il est possible, une explication, le ministère public et les prévenus interjettent appel.

Le pouvoir peut se réjouir. Parmi les grands coupables *qu'il a fabriqués,* les uns perdent leur état, les autres leur avenir. Hommes *du juste milieu,* chantez victoire; profitez de votre honteux triomphe : il ne sera pas long. Tant que j'aurai une plume, tant qu'il me restera une goutte d'encre, je saurai me défendre. Maître Michel et la presse patriote ne nous manqueront pas. Que ces gens sans pudeur et sans foi sachent bien que nous signalerons leur infamie aux yeux de tout ce qui porte un cœur français. Qu'ils sachent bien que, malgré toutes les persécutions, notre seul cri sera toujours : *Vive la liberté !*

E. FAMIN,
Un des prévenus.